인기 대폭발 「다른 그림 찾기」 제 2 탄!

시각 재활 훈련의 효과가 있고, 인지 기능을 유지 · 개선해 주는

게이힌 병원 원장 쿠마가이 요리요시 선생님이 추천하는 「다른 그림 찾기」

2023년 6월, 「하루 3분 두뇌가 활성화되는 다른 그림 찾기」를 출판하여

커다란 반향을 불러일으켰습니다.

새로운 시리즈에 대한 여러분의 요구에 답하기 위해서

2탄을 만들었습니다!

이전 작품과 같은 방법으로 5가지 다른 곳을 찾는 방식에 더해,

이번에는 다른 곳이 모두 몇 개인지 맞추는

방식의 문제도 준비했습니다.

치매나 건망증 예방 및 개선은 물론

기억력과 집중력을 향상시키는 효과도 기대할 수 있습니다.

한번 찾기 시작하면 다 찾을 때까지 눈을 뗄 수 없습니다.

이번에도 멋진 문제들입니다.

가족과 함께 즐기면서 두뇌를 트레이닝 해보세요!

P4 치매 전문의 추천! **다른 그림 찾기**는 시각을 자극하여 두뇌 트레이닝에 최적!

게이힌 병원 원장 쿠마가이 요리요시

제1장 어디에 있을까? 다른 그림 다섯 개를 찾아보세요!

- P8   1 아헤아호체조
- P9   2 1엔 동전 요법
- P10 3 레몬 식초
- P11 4 떡
- P12 5 안경
- P13 6 버터 커피
- P14 7 레몬
- P15 8 기지개
- P16 9 손바닥 주무르기
- P17 10 따뜻한 수건
- P18 11 감귤 식초
- P19 12 심장 요가
- P20 13 종아리 누르기
- P21 14 고무망치로 뼈 두드리기
- P22 15 스파이스 카레
- P23 16 다리에 난 쥐
- P24 17 짐볼 흔들흔들

제2장 몇 개 있을까? 다른 그림이 몇 개 있는지 맞춰보세요!

- P26　18 청소
- P27　19 근력 운동
- P28　20 웃는 얼굴
- P29　21 골반 이완하기
- P30　22 견갑골 풀기
- P31　23 발목 돌리기
- P32　24 밥그릇에 5엔 동전
- P33　25 레몬수
- P34　26 스쿼트
- P35　27 후굴 운동
- P36　28 와이드 스쿼트
- P37　29 팔 흔들기
- P38　30 밥주걱 마사지
- P39　31 가슴 펴기
- P40　32 제자리 걷기
- P41　33 정리하기

다른 그림 찾기 정답

- P42　1 ~ 3 정답　　P43　4 ~ 9 정답
- P44　10 ~ 15 정답　P45　16 ~ 21 정답
- P46　22 ~ 27 정답　P47　28 ~ 33 정답

치매 전문의 강력 추천!
"다른 그림 찾기"는 시각을 자극하여 두뇌 트레이닝에 최적합!

쿠마가이 요리요시 뇌신경외과 전문의·게이힌 병원 원장

1977년 게이오대학 의학부 졸업 후, 도쿄대학 뇌신경외과 교실, 도쿄 경찰 병원, 도립 에바라 병원, 도쿄대학 의학부 부속 병원, 자위대 중앙병원 등을 거쳐서 1992년부터 현직. 뇌신경외과 전문의로 만성기 의료에 전념하고, 치매 치료에 특화되어 있다. 많은 진료 경험에서 독자적인 치매 3단계 케어를 고안했다. 저서로는 「하루 3분 두뇌가 활성화되는 다른 그림 찾기」 시리즈(유나), 「치매는 될 수도 있고, 예방하면 더욱 좋다」(마키노 출판) 등이 있다.

나이가 들어도 멈추지 않는 뇌의 성장

얼마 전까지만 해도 치매는 불치병이라고 했습니다. 하지만, 이제 치매는 예방 가능하고 개선할 수 있는 병이라고 여겨집니다.

왜냐하면 인간의 뇌는 나이가 들어도 성장할 수 있다고 생각되기 때문입니다.

저희 병원은 25년 전에 뇌외과 수술 후의 환자들을 받아들이기 시작하면서, 치매 환자를 포함한 고령자 전문 병원이 되었습니다.

당시에는 아직 치매의 진단과 치료법이 정리되어 있지 않았습니다. 이때부터 저는 많은 치매 환자들과 접해왔습니다. 이 경험에서 뇌에 적절한 자극을 주면 치매 병증이 가벼워지고 안정된다는 것을 알게 되었습니다.

이러한 현장에서의 실질적인 경험을 기반으로, 현재 저희 병원에서는 치매 환자들에게 다음과 같은 3가지 상태를 확인합니다.

❶ 입력 정보(지각신경)
❷ 출력 정보(운동신경)
❸ 에너지(의욕)

❶의 입력 정보는 눈과 코, 귀 등의 감각기관에서 얻은 정보입니다. 시각, 청각, 후각, 미각, 촉각이라는 다섯 가지 감각(오감)의 상태를 확인합니다.
❷의 출력 정보는 신체 능력입니다. 주로 하체 근력을 확인합니다.

시각을 자극하는 "다른 그림 찾기"

위아래의 사진에는 3가지 다른 곳이 있습니다. 찾아보세요.

❸의 에너지는 의욕과 사교성의 정도입니다. 개인차는 있지만 치매 환자들은 이 3가지 요소가 떨어집니다. 시각을 다르게 해서 말하자면, 이 3가지 요소가 약해지는 것을 예방하면 뇌의 인지 기능은 유지된다고 할 수 있습니다.

환자들에게 인기가 많은 다른 그림 찾기

3가지 요소 중에서도 특히 ❶ 입력 정보는 잠복기와 치매 전 단계인 경도인지장애(MCI) 등의 시기에 약해지는 것이 관찰됩니다. 치료 현장에서는 예로부터 치매 환자는 후각이 저하된다고 알려져 있습니다. 그리고 최근의 연구에서는 후각뿐만 아니라 다른 감각도 인지 기능의 저하와 관계가 있다는 것이 밝혀졌습니다. 본래 뇌는 오감에서 얻은 입력 정보에 의해서 활발하게 움직이기 시작합니다. 오감에서 얻은 ❶ 입력 정보는 ❷ 출력 정보와 ❸ 에너지로 발전되어 갑니다.

오감을 자극하는 것은 인지 기능 유지와 관계가 깊은 3요소의 회복에 이어진다고 생각됩니다.

그래서 저희 병원에서는 인지 기능의 잠복기와 경도인지장애 환자들에게 오감을 자극하는 재활을 추천합니다. 이 결과, 개인차는 있지만 증상이 가벼워지거나 진행이 늦춰지는 등의 변화가 확인되었습니다.

여기에서는 환자들과 제 주위에서도 인기가 높고, 혼자서도 할 수 있는 「시각 재활」을 소개합니다.

시각 재활이라고 하면 무엇을 하는 것인지 잘 모르고 어렵게 느껴질 수도 있지만, 말하자면 시각을 자극하는

「다른 그림 찾기」도 그중 한 가지입니다.

이 책에서는 일러스트를 사용한 33문제의 다른 그림 찾기를 준비했지만, 우선 앞 페이지에 있는 사진으로 된 다른 그림 찾기에 도전해 보세요.

위아래에 있는 사진을 비교해서 다른 곳을 3군데 발견해 보시기 바랍니다.

인지 기능이 저하되면 시야가 좁아지기 마련입니다. 한 장의 사진을 작게 부분 부분을 나눠서 순서대로 보게 됩니다. 그렇게 하면 사진 2장의 차이를 찾기 어렵습니다.

다른 곳을 찾기 어려운 사람은 멍하게 사진 전체를 바라볼 때 다른 곳을 더 빨리 찾을 수도 있습니다.

그리고, 할 때에는 사진의 풍경 속에 본인이 실제로 들어가 있다고 상상하는 것이 중요합니다. 바람의 소리와 시원함, 나무와 풀 내음 등을 상상합니다. 그렇게 하면 오감을 실제로 사용하는 것과 같이 뇌가 자극됩니다.

가족이나 친구와 하는 것이 이상적

8~41 페이지까지 33문제의 「다른 그림 찾기」에 도전해 보세요.

여기서도 위아래 2장의 일러스트를 비교하여 다른 곳을 찾으면 됩니다.

같은 문제를 여러 번 반복해서 풀어도 효과가 있습니다. 문제를 기억해 버렸다고 해도 시각이 자극되므로, 한 권을 전부 끝까지 찾고 나서, 다시 반복해서 해보도록 하세요(각각의 다른 그림 찾기에 3번 해답 날짜와 시간을 기입할 수 있도록 되어 있습니다).

그리고 전술한 3요소는 동시에 자극되고 사용되어서 보다 효과적으로 회복이 가능합니다. 다른 사람과 이야기를 나누는 등, 3요소를 자극하면서 찾으면 보다 효과적입니다.

가족이나 친구와 함께 즐겁게 찾는 것이 가장 좋습니다. 정확하게 사물을 보기 위해서는 건강한 시력이 필요합니다. 정기적으로 눈 검사를 받는 것이 좋습니다.

이 책의 다른 그림 찾기에 도전해서 즐겁게 두뇌 트레이닝을 하세요!

P5의 정답

❶
Ⓐ 풀이 있는 땅의 모양
Ⓑ 산의 유무
Ⓒ 바위의 유무

❷
Ⓐ 산의 유무
Ⓑ 나무의 높이
Ⓒ 나무 그림자의 유무

다른 그림 다섯 개를 찾아보세요!

먼저 위아래의 일러스트를 비교하여 다른 곳을 5군데 찾아보세요.
17문제를 준비했습니다. 건강에 관한 칼럼과 함께 즐겨보세요.

하는 방법

위아래 일러스트를 비교하면 5개의 다른 곳이 있으니, 전부 찾아보세요. 일러스트 왼쪽의 표에는 다른 그림 찾기를 한 날짜와 다른 그림을 전부 찾는데 걸린 시간을 3번 적을 수 있습니다.
한 권을 다하면, 다시 도전해서 지난번에 걸린 시간보다 빨리 찾는 것을 목표로 해보세요!

1 아헤아호 체조

「아헤아호 체조」는 「아」, 「헤」, 「아」, 「호」라고 목소리를 내면서 「헤」와 「호」에서 배를 쏙 들어가게 하는 것이 기본인 복근 운동입니다. 코어가 단련되어서 비틀어진 골반이 제자리를 찾고, 허리 통증과 무릎 통증, 변비 개선, 다이어트에도 효과가 있습니다. 하루에 3분씩 꼭 도전해 보세요.

날짜	걸린 시간
/	분
/	분
/	분

2 1엔 동전 요법

신기한 「1엔 동전 요법」입니다. 1엔 동전을 아픈 곳과 혈 등에 붙이면 다양한 증상이 좋아진다고 인기가 있습니다. 허리 통증과 무릎 통증으로 고민이신 분들은 지갑 속에 1엔 동전이 있다면 아픈 곳에 1엔 동전을 붙여 보세요. 신기하게도 통증이 사라집니다!

날짜	걸린 시간
/	분
/	분
/	분

3 레몬 식초

얇게 슬라이스 한 레몬을 식초에 담근 「레몬 식초」입니다. 맛있고 건강 효과도 좋다고 인기가 있습니다. 식초와 레몬에 포함된 영양 성분에 의해 혈압과 혈당치를 낮추고, 지방 연소 촉진, 골다공증 예방, 피부가 좋아지는 효과 등이 기대됩니다. 요리에도 활용할 수 있어서 추천드립니다!

날짜	걸린 시간
	분
	분
	분

4 떡

우리나라에서 예로부터 친숙한 떡입니다. 탄수화물이 주된 영양 성분으로, 체내에서 포도당으로 변해서 뇌를 활성화시키는 작용을 합니다. 흰쌀밥보다 포도당으로 바뀌는 속도가 빨라서 아침식사로 추천합니다. 먹을 때는 목이 막히지 않도록 주의하고, 하루의 원동력이 되도록 드셔보세요!

날짜	걸린 시간
	분
	분
	분

5 안경

TV, PC, 스마트폰 등 화면을 계속 보고 있는 현대인은 눈을 혹사시키기 쉽습니다. 특히, 안경을 쓰고 있는 사람은 주의가 필요합니다. 본인의 눈에 맞지 않는 안경을 사용하면 두통과 어깨 결림의 원인이 되거나 근시를 악화시킬 염려가 있습니다. 본인의 눈에 맞는 안경을 고르시기 바랍니다.

날짜	걸린 시간
	분
	분
	분

6 버터 커피

가열한 무염 버터를 정제해서 만든 「기버터」가 들어간 「버터 커피」가 주목을 받고 있습니다. 아침 식사 대신에 마시면 점심까지 배가 고프지 않고 두뇌 회전이 잘 되어서 작업 능률이 올라갑니다. 자연스럽게 식사량이 줄어서 다이어트에 성공한 사람들도 많습니다! 꼭 한번 도전해 보세요.

날짜	걸린 시간
/	분
/	분
/	분

7 레몬

청량한 신맛과 상큼한 향기가 매력적인 레몬입니다. 혈압과 혈당치, 중성 지방, 골다공증이 개선되는 등 건강에도 좋은 효과가 있습니다. 백세 장수를 실현한 많은 분들도 레몬을 애용한다고 합니다. 여러분도 매일의 식생활에 활용해 보시는 것은 어떨까요?

날짜	걸린 시간
	분
	분
	분

8 기지개

기지개는 누구라도 간단히 할 수 있는 스트레칭입니다. 기분 좋게 몸을 스트레칭하면 머리 위치가 교정되고 바른 자세가 되어서 어깨 결림이 완화됩니다. 그리고, 자세가 개선되어서 기초대사가 좋아지고 살이 잘 찌지 않는 몸이 됩니다. 자세가 나쁘다고 생각되면 먼저 기지개를 해보시기 바랍니다.

날짜	걸린 시간
/	분
/	분
/	분

9 손바닥 주무르기

예로부터 한의학에서는 손바닥에는 많은 지압점이 있어서 손을 주무르면 건강해진다고 합니다. 서양의학에서도 손을 주무르면 몸이 이완되어서 부교감 신경이 활성화된다고 알려져 있습니다. 언제 어디서든 바로 할 수 있으므로, 여러분도 적극적으로 손바닥을 주물러 보시기 바랍니다.

날짜	걸린 시간
/	분
/	분
/	분

10 따뜻한 수건

눈이 피로하다고 느껴질 때 반드시 시도해 보면 좋은 것이 따뜻한 수건으로 하는 온찜질입니다. 물에 적셔서 50~60℃ 정도로 데운 수건을 눈 위에 10~15분 정도 올려둡니다. 눈 주변에 혈액 순환이 좋아지고 눈의 피로가 완화됩니다. 눈의 피로가 완화되면 어깨 결림 등도 개선되어서 일석이조입니다.

날짜	걸린 시간
/	분
/	분
/	분

11 감귤 식초

슬라이스 한 감귤과 얼음 설탕을 병에 넣고 식초에 절여서 만드는 「감귤 식초」입니다. 감귤에는 적당한 단맛이 있어서 식초의 신맛을 싫어하는 분도 맛있게 마실 수 있습니다. 동맥경화 예방 및 개선, 다이어트 등에도 효과가 있습니다. 감귤이 맛있는 계절에 꼭 만들어 보시기 바랍니다.

날짜	걸린 시간
/	분
/	분
/	분

12 심장 요가

부정맥이 있거나 숨이 차서 고민인 분들에게 추천하는 것이 「심장 요가」입니다. 위를 보고 똑바로 누워서, 눈을 감고 무릎을 세워서, 엉덩이부터 가슴까지 바닥에서 들어 올린 자세를 1~2분 유지합니다. 엉덩이를 내리고 양손과 양다리를 편 후, 천천히 호흡하고 나서 눈을 뜹니다.

날짜	걸린 시간
/	분
/	분
/	분

13 종아리 누르기

종아리를 누르면 전신의 혈류가 좋아집니다. 혈압과 혈당치가 떨어져서 생긴 어지럼증과 이명이 개선되는 등 다양한 효과가 있습니다. 종아리가 단단하거나 부어 있는 사람은 주의가 필요합니다. 종아리 누르기를 습관화해서 부드러운 종아리를 만들어 보세요.

날짜	걸린 시간
	분
	분
	분

14 고무망치로 뼈 두드리기

「고무망치로 뼈 두드리기」는 주변에서 쉽게 구할 수 있는 고무망치와 반죽 밀대를 사용한 건강법입니다. 귀 주위에 밀대를 대고 고무망치로 두드리면 되는 간단한 방법입니다. 머리에 전달되는 절묘한 진동으로 많은 분들의 이명이 개선이 되었다고 합니다.

날짜	걸린 시간
/	분
/	분
/	분

15 스파이스 카레

강황 등 스파이스로 만드는 「스파이스 카레」입니다. 밀가루를 사용하지 않고 기름도 적게 사용할 수 있어서 칼로리가 낮습니다. 다이어트에도 도움이 됩니다. 더구나 집에서 간단히 만들 수 있는데도, 마치 본토에서 만든 것 같은 맛이 납니다. 한번 만들어 보면 자꾸 생각나는 맛입니다.

날짜	걸린 시간
/	분
/	분
/	분

16 다리에 난 쥐

자는 동안 갑자기 다리에 쥐가 나서 고민인 분들도 많으십니다. 쥐에 좋은 것이 스트레칭입니다. 호흡을 멈추지 않는 것이 중요한 요령입니다. 호흡을 계속하면서 반동을 주지 않고 천천히 근육을 늘려서 5초 정도 그대로 유지합니다. TV를 보면서 해도 좋으니 매일매일 실천해 보시기 바랍니다.

날짜	걸린 시간
	분
	분
	분

17 짐볼 흔들흔들

「짐볼 흔들흔들」은 공기를 절반만 넣은 부드러운 짐볼에 몸을 올리고 흔들흔들하면서 온몸에 힘을 빼기만 하면 되는 건강법입니다. 등 근육이 한 번에 늘어나서 허리와 어깨 통증이 사라지고 날씬해 보여서 스타일이 좋아질 수 있는 셀프케어입니다. 정말 기분 좋게 릴랙스할 수 있습니다.

날짜	걸린 시간
/	분
/	분
/	분

몇 개 있을까?

다른 그림이 몇 개 있는지 맞춰보세요!

여기서부터는 위아래의 일러스트를 비교해서 다른 곳이 몇 개 있는지 숫자를 맞추는 문제입니다. 16문제 준비했습니다. 건강 칼럼도 꼭 읽어보세요!

하는 방법

각 문제에는 4개 이상의 다른 곳이 있습니다. 위아래 일러스트를 비교하여 다른 곳이 몇 군데 있는지 찾아 보세요.

일러스트 옆에는 다른 그림 찾기를 한 날짜와 다른 곳 개수를 찾을 때까지 걸린 시간을 3번 적을 수 있습니다. 한 권을 전부 다하면 다시 도전해서 그전보다 시간을 단축시킬 수 있도록 노력해 봅시다!

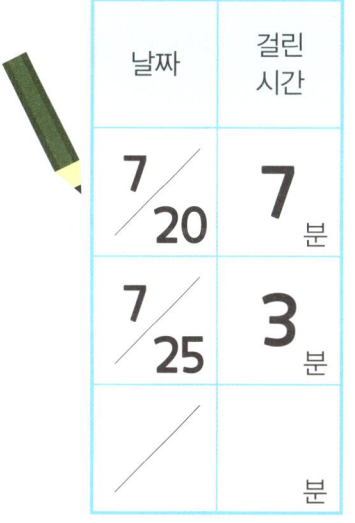

18 청소

청소는 몸과 마음의 건강 유지에 도움이 됩니다. 청소를 하면 몸과 마음이 리셋되어서 일과 집안일에도 도움이 되고, 시간도 효율적으로 사용할 수 있어 여가시간도 생깁니다. 풍수지리에서는 주방 등 물을 사용하는 곳을 깔끔하게 청소하면 금전운이 좋아진다고 합니다.

날짜	걸린 시간
/	분
/	분
/	분

19 근력 운동

근력은 30세를 넘으면 서서히 약해집니다. 건강 유지에는 근력 운동이 필수입니다. 특히, 중요한 것이 하반신의 근육 강화입니다. 전신 근육의 70%가 집중된 하반신을 중점적으로 운동하면, 에너지를 효율적으로 소비하게 되어서 비만 해소 및 예방에 좋습니다.

날짜	걸린 시간
/	분
/	분
/	분

20 웃는 얼굴

항상 웃고 계시나요? 웃는 것이 건강에 좋다는 것은 의학적으로 밝혀져 있습니다. 웃는 것만으로도 자율신경의 균형을 잡을 수 있고, 다양한 신체 문제가 개선된다고 합니다. 면역력도 높아져서 병에 잘 걸리지 않는 몸이 되니, 매일매일 웃는 얼굴로 지내도록 합시다.

날짜	걸린 시간
/	분
/	분
/	분

21 골반 이완하기

골반이 비틀어지거나 굳으면 변비, 냉증, 복부비만 등 다양한 문제를 일으킵니다. 8자를 그리듯 허리를 좌우로 돌려서 골반을 이완시키면, 골반이 올바른 위치로 돌아오고 건강 문제가 예방되고 개선됩니다. 하루에 3분을 목표로 꾸준히 실천해 보세요.

날짜	걸린 시간
/	분
/	분
/	분

22 견갑골 풀기

어깨 결림이 만성화되면 두통과 어지럼증 등의 문제를 일으킵니다. 이를 해소하는 방법으로 추천하는 것이 견갑골 풀기입니다. 어깨를 앞뒤로 움직이면 견갑골이 풀려서 어깨 결림이 해소되고 혈액 순환이 좋아져서 대사 효율도 좋아지므로 다이어트 효과도 기대할 수 있습니다.

날짜	걸린 시간
/	분
/	분
/	분

23 발목 돌리기

혈액 순환이 좋지 않으면 다리가 붓고, 어깨 결림과 냉증, 면역력 저하를 일으켜 감염병에 걸릴 위험도 높아집니다. 발목 돌리기를 하면 하반신에 머물러 있는 혈액을 심장으로 올려서 종아리 근육이 풀어지고 혈액 순환이 개선되는 등 여러 가지 문제도 해소됩니다.

날짜	걸린 시간
/	분
/	분
/	분

24 밥그릇에 5엔 동전

5엔※ 동전의 5엔이라고 쓰여있는 면을 위로 오게 해서 밥그릇에 넣어서 현관 앞에 두면 운이 좋아진다는 것을 알고 계시나요? 이것은 일본 오키나와에 전해지는 풍수지리의 운을 좋게 하는 방법입니다. 새로운 계약이 되었다거나, 복권에 당첨되었다는 사람도 있답니다.

날짜	걸린 시간
	분
	분
	분

※ 역주 : 일본어로 5엔은 "고엔"이라고 읽습니다. "고엔"이라는 동음이의어로 "ご縁"이라는 단어가 있는데 인연, 계기라는 뜻이 있어서, 5엔 동전이 행운을 가져다준다는 이야기가 있습니다.

25 레몬수

신맛이 강한 레몬을 짜서 생수에 넣으면 마시기 좋은 '레몬수'가 되어, 효율적으로 레몬의 영양성분을 섭취할 수 있습니다. 레몬에 포함되어 있는 비타민C는 면역력을 높이고, 피부에 좋습니다. 그리고 구연산에는 뼈를 튼튼하게 하는 작용이 있습니다.

날짜	걸린 시간
/	분
/	분
/	분

26 스쿼트

하반신 근육 단련에 추천하는 운동으로 스쿼트가 있습니다. 근육이 생겨서 살이 빠지기 쉬운 몸이 되고, 하반신의 유연성과 안정성이 좋아집니다. 다리 근력도 생겨서 걷는 속도가 빨라지고 잘 넘어지지 않게 됩니다. 먼저, 하루에 30번을 목표로 도전해 봅시다!

날짜	걸린 시간
/	분
/	분
/	분

27 후굴 운동

등을 뒤로 굽히면서 상반신을 스트레칭하는 후굴 운동. 일상생활습관과 반대 방향으로 움직여서 몸의 균형을 맞출 수 있고, 가슴을 펴서 호흡을 깊게 할 수 있어서 컨디션이 좋아지는 효과도 기대됩니다. 공간이 좁아도 가능한 운동이므로, 매일 시도해 보세요.

날짜	걸린 시간
/	분
/	분
/	분

28 와이드 스쿼트

스모의 기본자세인 「와이드 스쿼트」에는 다이어트와 건강에 효과적인 요소가 많이 있습니다. 몸의 코어 근육이 단련되어 자세가 좋아져서, 어깨 결림, 허리 및 무릎 통증이 완화될 수 있습니다. 그리고 고관절 주위의 근육이 튼튼해져서 대사량이 늘어나고 살이 빠지기 쉬운 체질이 됩니다.

날짜	걸린 시간
/	분
/	분
/	분

29 팔 흔들기

'운동은 힘들고 귀찮다'고 생각하는 사람이 많습니다. 그런 분들에게 추천하는 것이 「팔 흔들기」 체조입니다. 집 안에서 팔을 앞뒤로 흔드는 것만으로 전신의 혈액 순환이 좋아지고, 지방이 잘 연소됩니다. 하루에 5분, TV를 보면서 해도 좋습니다. 꼭 시도해 보세요.

날짜	걸린 시간
/	분
/	분
/	분

30 밥주걱 마사지

쉽게 구할 수 있는 엠보싱이 있는 밥주걱을 사용하여 마사지를 할 수 있습니다. 턱 밑이나 목을 밥주걱으로 마사지하면 부기가 빠져서 얼굴이 작아지는 효과를 기대할 수 있습니다. 마찰에 의해 피부가 상하는 것이 걱정된다면 오일이나 크림을 사용해서 마사지하세요.

날짜	걸린 시간
/	분
/	분
/	분

31 가슴 펴기

등이 굽어있는 새우등은 어깨 결림, 두통, 부기 등 몸에 다양한 악영향을 미칩니다. 새우등 교정을 위해서 추천하는 것이 가슴을 넓히는 스트레칭입니다. 견갑골이 닫히고, 가슴이 당겨질 정도로 하면 됩니다. 어깨, 목, 등 주위에 근육이 풀려서 좋지 않은 부분이 완화됩니다.

날짜	걸린 시간
/	분
/	분
/	분

32 제자리 걷기

전신에 산소와 영양소를 도달시키고 불필요한 노폐물과 이산화탄소를 회수하는 모세혈관의 건강을 유지하기 위해서는 혈액순환이 잘 돼야합니다. 모세혈관의 혈액순환을 좋게 하는데 필요한 것이 「제자리 걷기」입니다. 먼저, 1세트에 30번, 하루에 3세트를 목표로 해보세요.

날짜	걸린 시간
/	분
/	분
/	분

33 정리하기

추억이 있는 물건을 버리는 것은 힘들지만, 마음을 먹고 정리하면 생활공간뿐만 아니라 사고방식과 인간관계도 개선됩니다. 방에 물건이 없어지면 청소도 간단해지고, 먼지와 집 진드기에 의해 건강을 해치는 것도 예방할 수 있습니다. 정리는 몸과 마음에 모두 좋습니다.

날짜	걸린 시간
/	분
/	분
/	분

다른그림찾기 정답

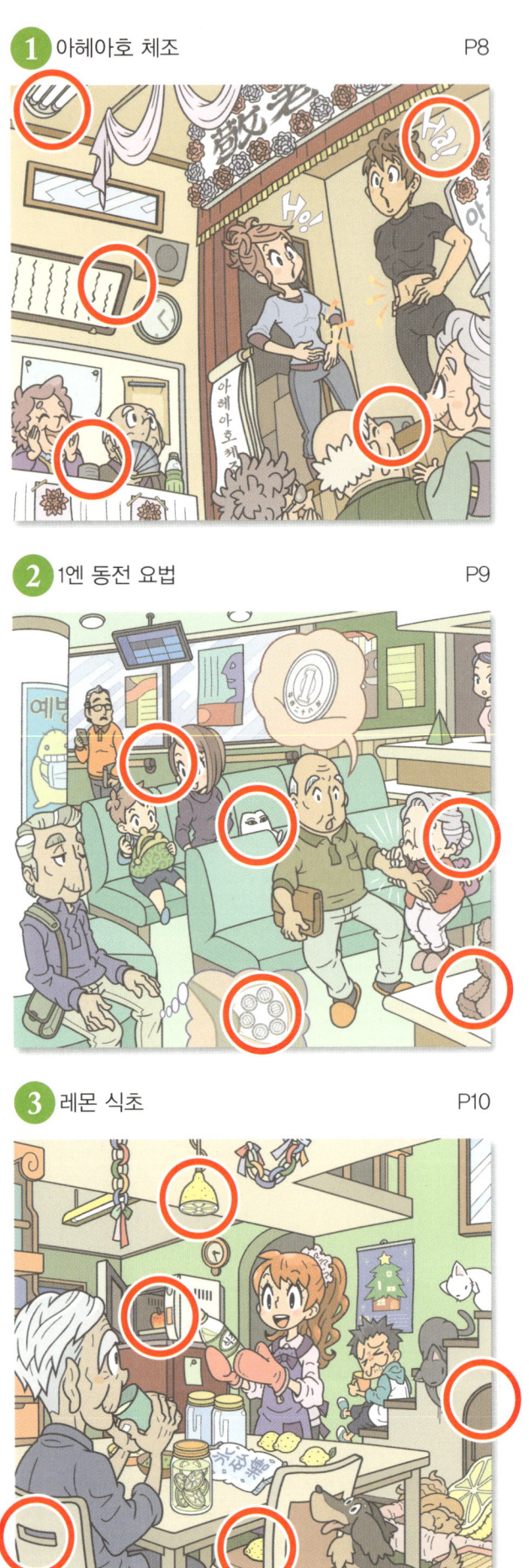

① 아헤아호 체조 P8

② 1엔 동전 요법 P9

③ 레몬 식초 P10

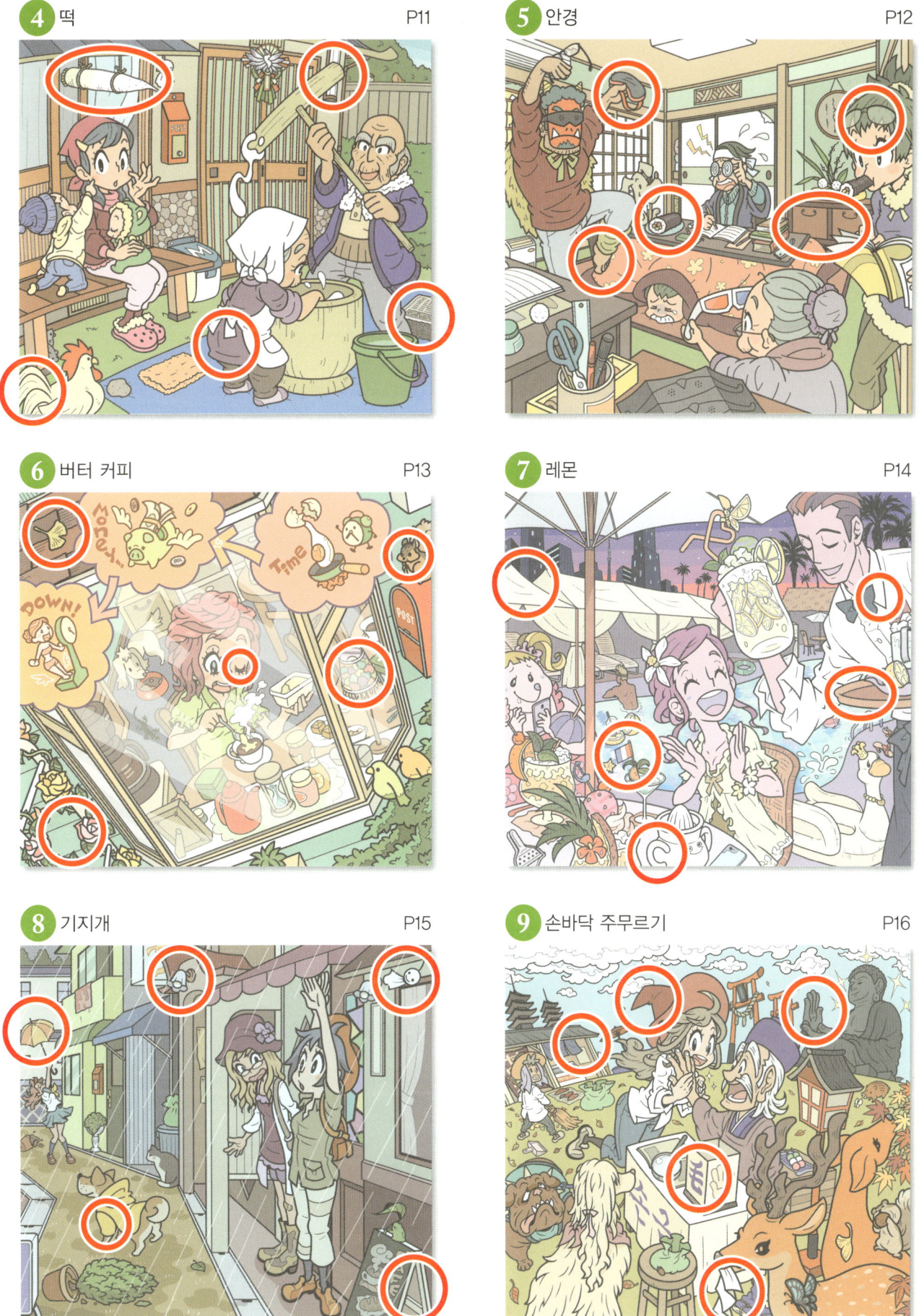

⑩ 따뜻한 수건 　　　　P17
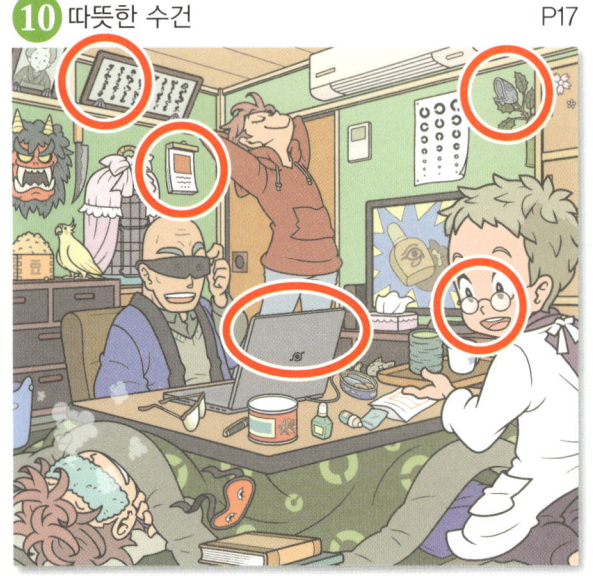

⑪ 감귤 식초 　　　　P18

⑫ 심장 요가 　　　　P19

⑬ 종아리 누르기 　　　　P20

⑭ 고무망치로 뼈 두드리기 　　　　P21

⑮ 스파이스 카레 　　　　P22

16 다리에 난 쥐　　　　　P23

17 짐볼 흔들흔들　　　　　P24

18 청소 (정답 : 7개)　　　P26

19 근력 운동 (정답 : 7개)　　P27

20 웃는 얼굴 (정답 : 5개)　　P28

21 골반 이완하기 (정답 : 6개)　P29

45

22 견갑골 풀기 (정답 : 6개)　　P30

23 발목 돌리기 (정답 : 5개)　　P31

24 밥그릇에 5엔 동전 (정답 : 6개)　　P32

25 레몬수 (정답 : 5개)　　P33

26 스쿼트 (정답 : 7개)　　P34

27 후굴 운동 (정답 : 6개)　　P35

28 와이드 스쿼트 (정답 : 6개)   P36

29 팔 흔들기 (정답 : 7개)   P37

30 밥주걱 마사지 (정답 : 6개)   P38

31 가슴 펴기 (정답 : 7개)   P39

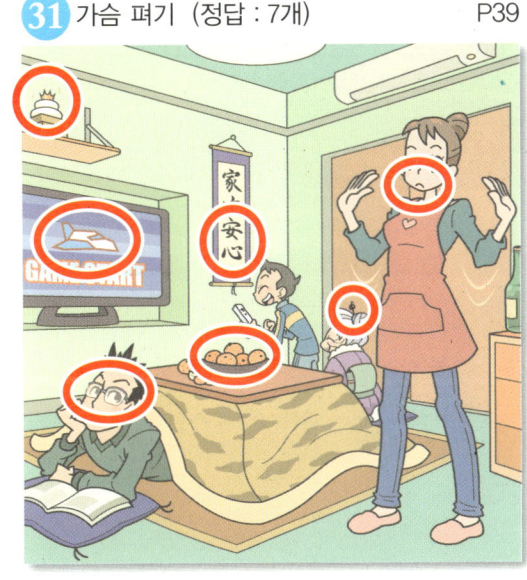

32 제자리 걷기 (정답 : 6개)   P40

33 정리하기 (정답 : 5개)   P41

뇌신경 전문의가 추천하는 두뇌 트레이닝!
하루 3분 두뇌가 활성화되는
다른그림찾기

Part2

1판 1쇄 발행 2023년 7월 30일

감 수	쿠마가이 요리요시
일러스트	D= 준쿠
옮긴이	권효정
펴낸이	김현준
펴낸곳	도서출판 유나

경기도 용인시 수지구 만현로 20, 성산빌딩 2층 203호
전화 0505-922-1234   팩스 0505-933-1234
kim@yunabooks.com   www.facebook.com/yunabooks
www.yunabooks.com   www.instagram.com/yunabooks

ISBN 979-11-88364-34-3 (14650)
ISBN 979-11-88364-32-9 (세트)

NO GA IKKI NI MEZAMERU! MACHIGAI SAGASHI PART2
Copyright ⓒ MAKINO PUBLISHING 2020
Korean translation rights arranged with Makino Publishing Co.,Ltd.
through Japan UNI Agency, Inc., Tokyo and D&P Co., Ltd., Seoul

이 책의 한국어판 저작권은 (주)D&P를 통해 저작권자와 독점 계약한 도서출판 유나에 있습니다.
저작권법에 의하여 한국 내에서 보호를 받는 저작물이므로 무단전재와 무단복제를 금합니다.

＊ 잘못된 책은 구입처에서 바꾸어 드립니다.   ＊ 책값은 뒤표지에 있습니다.